Hermann Wondo Essimbi

Doléance

Hermann Wondo Essimbi

Doléance

Ma plume, la doléance de mon âme

Éditions Muse

Imprint

Cover image: www.ingimage.com

Publisher:
Éditions Muse
is a trademark of
Dodo Books Indian Ocean Ltd., member of the OmniScriptum S.R.L Publishing group
str. A.Russo 15, of. 61, Chisinau-2068, Republic of Moldova Europe
Printed at: see last page
ISBN: 978-620-2-29941-1

Le vent

Sous le vent, sous la lune, sous les nuages,

Laba ou condense l'esprit de l'air,

J'appelle au vent, vieille dame, la terre a besoin de ton air,

Là où les cieux résident, le vent avant la pluie,

L'oiseau à besoin de ton aide, car tu lui apporte son mil,

La paille de sa niche ou il garde son mil,

Le vent survole la lune, les astres, les cieux ont besoin d'oxygène,

Souffle et laisse nous voir la lune,

Ecarte les nuages, nous voulons voir les étoiles ,

Dans cet avion je touche les nuages par impression ,

Je roule dans les cieux ,

Je pense que les cieux c'est après les nuages,

Je vole au dessus des nuages, mais je ne vois pas Dieu,

Il habite après les nuages, mais je ne vois que la lune et les étoiles,

Grand harmattan nous voulons voir les cieux,

Tu m'emmène au dessus des nuages,

Souffle à la porte, de Dieu, afin q'uil me laisse entrer après les nuages,

La paille

La paille vient en moi , vient en toi,
Elle veut changer ma plume, mon âme,
Je ne peut résister à l'appel de ma plume,

J'écris , Mon encre c'est du sang,
Le sang, sa noirceur,
J'appelle l'âme de mon frère,

La noirceur du sang donne l'éclat a ma plume,
C'est mon encre, c'est la sève de la paille ,
La paille c'est le bien de mon inconnu,

Sous le vent je plume,
Jamais je ne déprime,
Mon âme tient ma plume,

La paille convoite ma plume,
Je sais ce que je fais,
Ma plume sait ce qu'elle dit,

Le lendemain parfois elle déprime,
Je réprime, elle décline,
Là voix surçoit mon envole ,

Je m'envole , elle décolle, je récolte,
Récolte l'encre de ma plume,
Car la paille en veux à ma plume,

Je doléance la paille, car ma plume c'est mon âme,
Mon âme c'est moi, alors je suis ma plume,
Que la paille libère ma plume,

Couleur de sang.

Enrôlé, percuté, abattu,

Aucun nom n'est connu, qui je suis,
Ils feront tout pour te coincé, faut vite que tu t'en aille,
Ou iras tu! Crève la lutte, la foule,
Le sujet fonctionne en oscillant,

Imagine la lune s'embrasser au soleil, l'éclipse, la nuit,
Tu n'imagines plus ton rêve, ton parcours,
Ils l'ont prit, enrôlé, prière de cantique,

Survole le mur, le Berlin, le Golgotha,
Tu parles ils arrivent ,
Tu parles l'epiphanie te comprends,
Tu parles ta plume te console,

Ils t'enleveront tout sauf ta plume,
Les mots sont dans ta tête,
Les mots c'est ta tête,
Ta plume c'est toi,

S'ils enlèvent ta plume, tu restes,
Ta plumes est toujours là car ils ne peuvent t'enlever,
S'ils t'enlèvent toi, tu laisseras ta plume en toi,

Dans les cieux tu leur dira un mot,

Un mot que tu n'as pu leur dire sur terre,
La baraque , ils aiment le conflit,
Tu es fort, solide, tu détient une âme,
Elle, ils la veulent mais tu l'as et tu es serein,
Aucun combat, ils l'ont perdu en avance,

De l'argent ils comptent, ils ne l'ont pas,
Tu es riche,
Riche dans le coeur,
Riche dans l'âme,
Riche dans le moral,

L'ironie c'est eux ils en veulent à ta plume,
Ils ne peuvent la stopper,
Ils veulent t'eliminer, mais ta plume te protège,

Couleur de sang, parole de lâche,
Ils l'ont eu mais il t'a confié un secret,
Le secret de la plume,

Sal boulot

Il suffira de partir pour exaucer tout tes voeux,
Il te faut un minimum de confiance,
Tu n'as plus rien à perdre,
La tempête approche,

Ce n'est pas un frein pour toi,
Tu es décider à faire le tour du monde,
Tu as peur de partir,
Peur de t'eteindre,
Peur de faire le voyage sans retour,

On te conseille de sourire,
Tu as peur de faire le tour du monde,
Tu as peur,
Peur de partir sans elle,
Il te faut un minimum de confiance,

Sans le plein des poches elle t'aura jamais aimé,
Il suffira de partir,
Partir sans revenir,
Tu voulais juste réussir, tu as peur,

Tu trébuche, tombe, craint,
Tes échecs te découragent, tu n'as plus rien à perdre,

Tu ne vois plus tes défauts, tu te jette dans l'eau,
Il suffira de partir pour exaucer tout tes voeux,

Tu n'iras pas loin si tu as peur
Tu n'iras pas loin si tu écoutes les autres,
Tu n'iras pas loin si tu crains,

Fais ton sal boulot,
Dans le coin c'est toi le bourreau,
Il suffira de partir, tu n'as plus rien à perdre,
Tu dois partir , partir pour exaucer tout tes voeux,

Mais si tu écoutes les autres tu ne partira pas,

Tu auras peur,
Tu seras seul,

Elle te quittera car elle vise la lune,
Tu dois partir,
Tu dois faire le sal boulot,
Tu l'auras fréquenter,

Elle t'aura connu, elle t'aura vu faire le sal boulot pour réussir,
On souris malgré l'arrivée proche de la tempête,
Il suffira de partir sans revenir,

Seul et vrai

Génération ou le coeur ne pense plus,
La tête planchée au abord d'un clou,
La jeunesse est périle , la mélodie de la débauche,

Plus rien pour le bien ,
Plus rien pour la logique, le mal est grand,
Plus rien pour l'étude, les parents échouent sur un voile,

Que la mère reporte son fils,
Que la mer remonte en marée,
Que le vers profite de l'inondation,
Que les verres arrêtent de se brisés ,

Le soleil éclairait, la lune en a prit la bûche,
Le sombre commence à dominé,
Plus d'école sans délinquance, plus de diplôme sans échec,

La terre sans mentir est un martyr,
Ils s'occupent de biens des choses,
Les choses sans envergure, le bilan est néant,

Que le ciel ramène ses nuages afin de condensé nos consciences,
Plus dur que les 40jours du carême le mal de voir cette jeunesse se perdre,

Solitaire comme le diable la bible elle devient lyrique,

Mais il reviendra de là juger les vivants et les morts ,

Ton sourire

Pas vraiment comme les autres,
Avec ton sourire je vise la lune,
Il est particulier , il me fait refaire la facc,

Sous tes paroles à la base je veux juste rôdé toute la nuit,
Parfois j'ai envie de m'en aller,
Je veux pas rester loin de ce sourire,

À la base c'était juste un baisé,
Mais il est devenu une ambition, une détermination,
Ce sourire fait des conséquences,

 une vue sur la mer serait comparable à lui,
C'est juste un sourire mais il est précieux,
C'est juste un sourire mais il illumine,
C'est juste un sourire mais il me conserve,

Pas la peine de demander ton attention,
Ce sourire est attentionné,
Ce sourire ce vois à travers des flaques de distance,
Comme au premier étage le premier sourire est éternel,

La vie suis son cour avec des paparazzi,

On s'est qui est qui,

On s'est qui tu es,

Il me fait perdre la raison,

Il m'affaiblit, au deuxième étage,

Je divorcerai jamais de ce sourire,

Je demande encore plusieurs années de vie,

Afin de voir ce sourire m'affaiblir encore plus,

Je préfère tourner en rond,

Mais tourner autour de ce sourire,

Troubles

Troublé j'ai plus la paix,
Tu n'es plus là, c'est toi le vainqueur,
Je n'ai pas pu te dire je t'aime ,

Je suis condamné à pensé à toi,
J'ai des regrets,
Ou tu es tu regrettes,

Maintenant j'ai le temps d'avoir ton temps,
Mais tu n'es plus là,
Je suis condamné à regretter,

De ne pas t'avoir dit à quel point je t'aime ,
J'aime le texte, mais j'ai oublié de t'écrire « je t'aime « ,
Mon cœur il t'appelle ,

Le tient m'as sûrement oublié,
Car il ne bat plus, mais sache,
Que mon cœur battra tout les jours pour toi,

Tu n'es plus là,
Comme une tortue tu t'en allais,
Maintenant j'ai le temps d'avoir le temps,

Tu n'es plus là, j'ai le temps,
Le temps de prendre soin de toi,
Maintenant tu n'es plus là,

Les 29 jours

Prêt pour le bond ,

Assis sur le siège magnétique ,

la parole pesante , la langue luisante,

L'herbe a fleuri le jour de la moisson il est née ,

il a poussé ce crie ,

Maman ou suis-je , j'ai si froid , où est mon placenta

Où est cette chaleur , laisse moi y retourner s'il te plaît ,

Maman lui dit a présent tout comme moi tu es condamné a vivre dans ce monde ,

soit fort tu t'adapteras ,

Dans mon ventre tu me donnais des coups fort ,

Dans ce monde tu donneras des poignets ,

Tu es fort , et tu seras vaillant, ce 29 novembre tu es née,

Chaque 29 novembre tu auras un ans de plus ,

J'aurais la force d'accomplir la mission de ma vie maman ,

Le 29 novembre , les 29 jours d'un mois , les derniers a passé dans ce liquide amniotique,

Vie

On se trouve parfois des raisons pour ne pas être heureux ,

Vie champ lexical de bonheur, malheur, passion , sourire ,

Tristesse elle nous libère lorsqu'on l'a perd,

Vie on ne l'a qu'une foie mais nous pouvons la vivre de plusieurs manières ,

de plusieurs façons ,

Vie ou le chauvinisme est le propre de l'Homme,

Les langues ont des médailles en récitation ,

J'ai eu l'occasion d'admirer la force et la prouesse de ces lutteurs dans la vie ,

Amour augmenté par les difficultés,

on voit des parents se réunir pour leur amour,

Les réprimandes ne sont rien ;

et plût au ciel qu'ils en fussent quitte a ce prix ,

Le lycée

Une caserne ou le premier jour est un sentiment qui nous déborde,

Cette tenue lorsqu'on l'a porté la première foie ,

Grosse comme un parachute pour certains ,

Pantalon slim comme un collant pour d'autres,

On était tellement fier de marché sur le chemin la première semaine de classe ,

même si c'etait la même chaussure sur nos pieds durant toute cette semaine,

Ça pouvait duré un à deux mois sur le pied chaque matin ,

On se rend compte qu'on a laissé le calcul rapide qui nous faisait tant de mal au CM2 ,

On commence a calculé le nombre de kilomètres qu'on aura a faire chaque matin,

Aller et retour avec pour certains la nourriture réchauffer dans le sac,

Pour d'autres leur sommes maximum de 100fcfa ,

On est fier de porté cette tenue ,

Même si on peine car elle couvre carrément nos chaussures ,

L'objectif c'est qu'elle puisse faire au moins deux ans avant de la changé ,

La deuxième année elle est toute blanche déjà ,

on regarde mais l'essentiel c'est d'avoir sa tenue,

le lycée ou chacun a son lexique ,

certains on des livres et d'autres copie les exercices chez leur voisin ,

pour pouvoir les faire a la maison ,

Certains sont laissés devant le portail en voiture, chaussures blanches aux pieds,

tenue bien repasser ,

d'autres arrive en retard car ils ont fait des kilomètres de marche la tenue blanche,

chaussures décollés et les mêmes depuis le début des classes ,

A la pause d'autre dorme et ne peuvent sortir car n'ayant pas d'argent pour manger,

lycée ou certains étaient en couple et certaines filles préféraient les enseignants,

les plus intelligent étaient ciblés juste pour créé les groupes d'études, le plus calme de la classe attirait plus de filles,

Certains formaient des clans que seul le résultat des examens séparait,

d'autres formaient des clans de kongossa , des stars de kermesse,

certains livraient des bagarres ,

ils ont composés ensemble et une note a dépassé l'autre d'où le mot « « noyeur »,

après le lycée la vie s'emboîte et devient un paradoxe ,

hier je les porté avec ma voiture ,

je l'ai retrouver dans l'une de mes Salles de classe il n'avait jamais eu le baccalauréat apparemment,

Angelina

Sous l'effet du tambour le matin elle se leva « « oui maman « « ,

Assiettes a lavé , sol a nettoyé , eau a puisé elle est l'unique a sa mère ,

très jolie fille convoité par tout les hommes ,

elle fait passer ses études avant,

voulais sortir sa maman de la souffrance ,

Fille exemplaire du quartier ,

toute les mamans demandent a leurs filles de prendre Angelina pour exemple ,

Sa vie vitalement fut une succession d'épreuves ,

Angelina,

Fille unique, à la vie unique ,

A Jamais ta maman se sera fier de toi,

Ta réussite fût le repos de son âme,

Beaux vents

Si belles elles sont les paroles,

si mystérieuse la pensée derrière la parole,

Seul un dessin estime une caricature,

l'égalité n'est qu'une chimère,

Penséée avoir souffert, bien ainsi un malheur ,

né ici car ici c'est ainsi,

Aurore de folie ils pensent avoir vu un fou, ils sont en pleine folie,

Le cœur des gens se calmera le jour où tu vas sombréé,

regarde derrière et laisse les t'amener dans leur ruine,

Santé, santé , santé bien plus qu'un paradoxe l'insensé n'est qu'un lot de consolation,

Avoir le leur plus que le sien devient les leurs sans le tien ,

Faut parfois vider un document pour connaître son fond ,

mais la forme laisse voir son fond,

mais le Song de la vue ne regarde pas à fond,

Femme

Femme qui une foie à enfanté étant vierge,

Femme être que Dieu a choisit comme canal,

Femme être qui a dominé l'opinion sur la terre promise,

Un être exceptionnel , assumant des grossesses précoces à auteur Indesit,

Celle qui subit des violes par moment, mais qui reste forte,

battante, première ligne de combat,

Pouvant dormir seule et se levé avec un enfant sur la main,

Femme emblème de la force et persévérance,

Dans ce placenta elle nourrit, dans son liquide amniotique elle protège,

Longue vie à toute les femmes bonnes ou mauvaises ,

Pellerin

Conçu de la vierge Marie,
Une vierge, un saint, un libérateur,
Une pure, un incroyable, un messie,
Il reviendra de là juger les vivants et les morts,

Le fils, est né,
Le fils est mort,
Le fils est ressuscité,
Le fils est monter aux cieux,

Sa résurrection reuni les disciples,
Je vais à la droite de mon père,
Je vous enverrai mon saint esprit, gardez le en vous,

Un jour de fête, de joie, de bonheur,
Le drame de sa mort est passer ,
il a porter sa croix devant les hommes,
Il a porté sa croix devant les hommes pour sauver les hommes,

Il reviendra de là pour juger les vivants et les morts,
Reni moi trois fois,
Lorsque le coq chantera, l'heure de ma mort serai arrivé,
Mais je serais dans vos coeurs à jamais,

Le présent de sa mort incombe la douleur,
Son Corp sur la croix prouve son courage,
Le fils de l'homme est mort,
Il est de retour, il n'est immortel,

Ramadan...

Trois fois par jours ils prieront,
C'est une habitude de tout les jours,
Cette fois ils le feront à jeûne,

La tête baissé , les genoux pliés,
Ils exhortent à Allah un secours,
Ils seront confronté à la douleur,

A cinq heure et 18h ils mangeront,
La peine de te voir manger à 8h,
Ils souffriront, mais Allah leur donnera la force

Cynisme

Confus , employer deployé,
L'arme chargé,
Je ne saurais tiré sans securité,

La mer cri a la mère de laisser le maire ,
Confus il empeche le gamin de vivre,
Dans leur tête il vivra a jamais ,

Deployer employer par les travailleurs ,
L'emploie d'hier redeploie le travailleur du matin ,
Sans la banne le berceau degame ,

Une epreuve

S'en vient comme un envole ,
Tu l'auras passer ,
De ton passer , tu as enduré,
Tu as été mechant , aigris ,

Parfois insolant , intimidant ,
L'epreuve t'en souviendra ,
L'epreuve te rendra droit ,
L'epreuvre te changera ,

Avant hier tu ni crû,
Aujourdhui tu y pense ,
Demain tu seras un autre ,

Car l'epreuve t'a transporter en epreuve ,
Sous le vent , le soleil , tu trouveras ton bronzage ,
Un nouveau tu seras ,

L'epreuve te feras changer ,
Car ton orgueil parfois te laisse sans voix ,
Mais l'epreuve sauras te donner la chance de rattraper l'epreuve ,

Etoile

De la verberie dans le coeur , mon âme est fait de poesie ,
Puisse des fois ephemere ,

Ma plume s'excite lorsque mon esprit pense ,
Pense a parler ,
Pense a ecrire ,

Faire des textes c'est ma logique ,
Mon quotidien ,
Ma voix et ma parole ,
Ecrire l'amour ,la tristesse ,

Tout simplement des textes ,
Des textes sans maggie ,
Juste des textes venant de moi , de mon âme ,

Ultimatum

Comme tout les matins je me lève,
Sans parler .
Essayant de foulé en premier le sol,
Par le meilleur pied.
Les souvenirs d'hier reviennent ,

J'arrive à peine à penser a demain ,
Le present d'hier a tout prevu sur ,
Sur mon futur present .
Banné par la gorge le petit dejeuné,
S'annonce bouillant .

Je pense à ce service qui hier,
à echoué.
Doit se ratrraper le trajet qui hier ,
à été louper,
L'itineraire je l'avais mais hier ,
m'a enlever l'heure,
Aujourd'hui j'essaye de doublé,
L'échec d'hier.

Un ultimatum hier j'ai reçu,
Mais hier j'étais banne.

Aujourd'hui j'essaye d'éviter ,

le voile .

Afin d'éviter l'ultimatum , à fond,

Je me donne.

31

Biographie de l'auteur

Bon joueur de football depuis l'âge de 6ans, bon scientifique de part ses diplômes, parcours scolaire et académique,

Adepte des physique et mathématiques, esprit littéraire depuis l'âge de 10ans, écris des poèmes, au lycée était très bon en commentaire composé, langue et dissertation, ennemi de la contraction de texte car aime écrire et sa pensée ne se suffit,

Première langue française, et seconde anglaise donc est bilingue peut s'exprimer en anglais et en français,

Religieux, chrétien de l'église presbiterienne, très amour avec un crush pour les chansons d'amour et lyrique, très calme et doux,

Appartient à des associations comme l'amicale du lycée et des réunions de fin de mois,

Gallant, respectueux et très adepte à l'apprentissage et recherche.

Dédicace

À madame Mekong marie epouse Essimbi Emmanuel, ma mère

À Patang Bamloppa élise Patricia ma fiancée,

À madame Ecaterina foghel mon super héro (éditeur)

Enfin à ma grande sœur Wane Essimbi Regine

Table des matières

Notes :

Notes :

Notes :

Nato gestelude ....

Art plastique métaphysique

Printed by Books on Demand GmbH, Norderstedt / Germany